# MÉMOIRE

ADRESSÉ

# A L'ASSEMBLÉE NATIONALE

**PAR M. L'ABBÉ RAYMOND.**

« Faites justice au pauvre et à l'orphelin,
» prenez en main la cause de l'humble et
» du faible. »

Ps. 81, v. 3.

**Paris,**
IMPRIMERIE DE GUIRAUDET ET JOUAUST,
RUE SAINT-HONORÉ, 315.

Mai 1848.

# MÉMOIRE

ADRESSÉ

# A L'ASSEMBLÉE NATIONALE.

*Association nationale agricole et industrielle en faveur des ouvriers, des travailleurs, et créée pour l'extinction de la mendicité sur tous les points de la France.*

## SOMMAIRE.

Nous croyons devoir placer en tête de cette esquisse l'exposé de nos principes sur l'organisation du travail et la voie progressive de l'agriculture.

### *Principes généraux.*

1° Adhésion pleine et entière aux faits accomplis;

2° Equilibrer la pondération des charges et des ressources de la république pour l'asseoir sur des bases larges et stables;

3° Fournir aux travailleurs les moyens d'accumuler à leur profit une portion des produits de leur travail;

4° Ce profit doit répondre aux divers besoins de leur conservation;

5° Triple association : dans la formation du capital, dans la participation aux travaux et dans la distribution des bénéfices;

6° Propagation gratuite de l'éducation professionnelle

agricole et diffusion des petits capitaux en faveur de l'agriculture.

> « Faites justice au pauvre et à l'orphelin,
> » prenez en main la cause de l'humble et
> » du faible. »
>
> Ps. 81, v. 3.

CITOYENS REPRÉSENTANTS,

La République française salue avec bénédiction et entoure de ses plus vives sympathies l'Assemblée nationale, aux délibérations de laquelle le choix du peuple vient de vous appeler à prendre part.

Parmi les hautes questions dont le pays attend de vous la solution avec anxiété et confiance, il en est une qui ne peut manquer d'éveiller au plus haut point votre sollicitude : c'est la réhabilitation des travailleurs et des pauvres, et l'amélioration de toutes les positions sociales par l'influence de l'agriculture sur les divers points de la France.

En soumettant à vos méditations les principales dispositions du vaste plan qui tend à résoudre le grand problème des subsistances, je crois pouvoir compter d'avance sur votre bienveillant appui, que j'ose réclamer dans un intérêt tout national.

Il ne saurait jamais manquer à tout ce qui est capable de doter la patrie de garanties nouvelles de prospérité et d'ordre public.

Améliorer le sort des masses pauvres en extirpant, au moyen de travaux agricoles, la mendicité, devenue de nos jours tout à la fois et un désordre social et une calamité, c'est concourir à achever ce qu'a si glorieusement commencé la révolution dernière et faire que l'émancipation des peuples ne devienne pour personne un sujet d'effroi.

En consacrant leurs droits, vous leur rendrez plus aisé l'accomplissement du devoir.

J'ai dû me demander s'il ne fallait pas laisser au gouvernement l'initiative d'une pareille mesure. Tout en respectant ses justes réserves, diverses considérations, dont vos esprits si exercés aux affaires ne peuvent qu'apprécier toute la valeur, m'ont déterminé à en appeler sous ses auspices au patriotisme ferme et éclairé d'une vaste association nationale, capable d'enfanter des prodiges là où des efforts individuels demeurent quelquefois impuissants.

Loin d'accroître les charges du trésor public, j'ai dû m'occuper à les diminuer, tout en posant les bases d'une réelle augmentation de ses ressources.

En présence des instincts et des besoins de la nation, le gouvernement peut nous aider, dans le début, à vaincre les premières difficultés que nous rencontrerons sans doute. Son action est toujours puissante; mais si elle paraîssait devoir se borner, pour le moment, à protéger et à surveiller les grandes entreprises de cette nature, les intérêts communs de tout un peuple deviendront pour nous des garanties de succès. Aussi oserai-je ne réclamer que son appui ferme et avoué; quelques secours aux enfants trouvés et orphelins des deux sexes, depuis 10 à 21 ans; des propriétés nationales ou communales en friches et presque de nul rapport à des conditions modérées de fermage, et un bâtiment assez considérable à Paris pour les bureaux du directeur et la tenue des assemblées.

Là nous bornons nos désirs, et l'initiative que nous vous demandons comme étant le plus flatteur témoignage que nous ambitionnions pour le succès de travaux si utiles à la situation financière de la République, au propriétaire, à l'ouvrier, à l'industrie, au commerce, aux progrès de la civilisation et à la sanction de la morale.

Si la Révolution, qui fait le tour de l'Europe, promène, aux acclamations des peuples affranchis, la déclaration solennelle des droits de l'homme et du citoyen, notre République naissante attend de vous l'extinction de la mendicité par l'organisation du travail. Ses produits, affranchis alors de la concurrence ruineuse dans l'industrie, répondant si directement aux premiers besoins de l'homme et de l'humanité, renfermeront les premiers éléments de l'activité commerciale et de la prospérité publique.

A ces conditions, elle sera le plus magnifique corollaire de la devise inscrite sur ses drapeaux : *Liberté*, *Egalité*, *Fraternité*, mots sublimes, qui doivent faire tressaillir nos cœurs et les porter sans cesse vers le bien, vers la liberté dans l'ordre, vers l'ordre dans la liberté.

La mendicité a existé dans tous les temps, parce que dans tous les temps il y a eu des pauvres.

Mais, parce que la mendicité a toujours dégénéré en abus, les législateurs se sont toujours préoccupés de l'extirper. Pourquoi n'y sont-ils jamais parvenus? C'est qu'ils ont frappé de réprobation la mendicité, sans prendre des moyens suffisants pour prévenir la misère publique; ils ont fait de la pauvreté une chose honteuse en assimilant la mendicité au crime, lorsqu'elle est souvent une conséquence forcée de la misère. La philanthropie a essayé elle-même de détruire le paupérisme, et le paupérisme lui a répondu par son extention incessante. Et pourquoi? C'est que la plaie n'avait pas été assez sondée ou que les moyens employés étaient insuffisants.

La charité, placée comme un puits d'abondance dans les déserts de la vie, s'est offerte à toutes les époques et sous des formes diverses pour soulager les misères de l'humanité. La mendicité n'en existe pas moins, et la source de tant d'infortunes, qui nous offrent de si tristes tableaux, est loin d'être tarie. Et pourquoi? C'est parce qu'on s'est plus préoccupé de combattre les effets de l'indigence que de remonter aux véritables causes qui la produisent, ce qui n'a amené dans la société que déceptions fréquentes pour les pauvres, et charges devenues excessives pour le riche; c'est qu'on a mis trop en oubli, d'une part, l'unité de direction qui devait être imprimée aux divers établissements destinés à soulager l'infortune, et, de l'autre, les fâcheux contrastes d'aisance transitoire qu'on y prodigue avec les privations qui deviennent son apanage, aussitôt qu'arrivée à une certaine époque de la vie, elle est affranchie d'une tutélaire sollicitude. De là sont résultés tant d'abus et toutes les ruses coupables qu'enfante de nos jours la mendicité. Qui se refuserait à reconnaître l'impuissance d'organisation sociale de la plupart des maisons d'enfants trouvés et d'orphelins, le défaut de tout résultat d'avenir obtenu par les bureaux de bienfaisance? Souvent l'illégalité flagrante est toujours le vice radical des dépôts de mendicité.

Divers essais, tendant à subvenir aux besoins des masses en les moralisant par le travail, n'ont obtenu encore que des résultats incomplets, soit parce que les uns, tels que les ouvroirs industriels, dépourvus de garanties de succès, n'en sont pas moins nuisibles à l'industrie privée; soit parce que les autres, avec un luxe excessif de dépenses au sein de nos campagnes, n'ont pu encore réussir à y assurer au pauvre la subsistance présente et des ressources pour l'avenir.

Arrivé à une certaine époque de la vie, l'ouvrier en sort, et le voilà abandonné à ses penchants, à ses travers, comme aux angoisses de la misère.

Oui, disons-le sans détour, l'une des grandes

erreurs de notre époque a été d'attribuer à la liberté absolue du travail la vertu d'un principe d'organisation sociale.

On s'est trop flatté que la décroissance des frais de production et qu'une plus grande profusion de produits amèneraient la baisse des prix et une plus grande consommation. La production a bien augmenté en France d'année en année, mais la situation des ouvriers, loin de s'améliorer dans les mêmes proportions, est devenue pire. Le principe de la concurrence illimitée étant devenu le seul régulateur du travail, celui-ci s'est transformé en une guerre ouverte entre les producteurs, et pour écraser les concurrents il a fallu diminuer les frais de production : de là les réductions du salaire, et l'exploitation de l'ouvrier.

Mais ce que nous ne saurions assez déplorer, c'est l'affreuse dépopulation de nos campagnes, l'universelle direction des capitaux vers les entreprises industrielles au détriment de l'agriculture ; et dès lors la production agricole est restée seule au dessous des besoins de la consommation. Et voilà que depuis quelques années les produits agricoles ont été faibles en Europe, que leur prix élevé a pesé sur les populations, que de toutes parts le mouvement commercial s'est ralenti, que la prospérité publique a touché à un point d'arrêt, et qu'à la confiance générale ont succédé une inquiétude vague et un malaise général, qui ont amené le cataclysme social appelé à hâter l'heure du reveil et de l'affranchissement des nations européennes.

A la contagion de ce mal, il faut opposer de nouveaux remèdes, qui, en paralysant son action démoralisante, en arrêtent les progrès dévastateurs.

Sous le nouveau gouvernement que vient de conquérir la France à force d'héroïsme, tout semble organisé pour exciter parmi les classes ouvrières l'empressement d'améliorer leur position.

Leurs besoins et leurs souffrances leur font éprouver d'immenses désirs : toutes les nations européennes appellent de leurs vœux les consolations de la religion et l'égide de la liberté, parce que la civilisation, qui a fait un grand pas, a agrandi le cercle des besoins avec celui des jouissances.

L'agriculture, qui a été nommée si souvent, et toujours avec tant de raison, l'art de la nature (1) et la mère nourricière des peuples, est appelée à devenir de nos jours plus que jamais, au jugement de tout esprit sérieux, le fondement de nos plus belles espérances, et la source principale de la richesse publique et de la prospérité nationale.

Née avec les sociétés, elle étendit ses cultures et varia ses travaux dans la porportion toujours croissante de la population. Pourquoi faut-il que la France, après avoir autrefois tant honoré l'agriculture, ait paru en méconnaître toute l'influence

---

(1) Bernardin de Saint-Pierre.

sur le bonheur des peuples? Pourquoi, seule d'entre les nations les plus éclairées, refuserait-elle de fonder son avenir sur les progrès de l'art agricole, qui a, en quelque sorte, toujours réglé ceux de la prospérité publique, et d'offrir aux générations futures les heureux fruits de son utile prévoyance?

Elle a créé, sans doute, quelques fermes-modèles; mais quel fruit avons nous retiré des sommes énormes qu'on y a dépensées? Elle a formé des comices d'agriculture, mais sur quelles bases durables ont-ils été établis? Elle a distribué des primes d'encouragement sur divers points de la France pour y varier les innocents plaisirs de la campagne; mais quels résultats obtenus pour la nation? Nul autre plus que nous n'est mieux disposé à tenir compte des bonnes intentions et des efforts tentés; mais que ne nous reste-t-il pas encore à faire pour aspirer sérieusement au succès!

L'inégalité du rapport entre la production et la consommation territoriales, l'extrême dépopulation de nos campagnes, l'exubérante population des villes, la décroissance si sensible des premiers éléments du commerce, à mesure que celui-ci emploie de plus puissants instruments de transformation pour s'opposer à l'envahissement de l'étranger; les 123,454 enfants trouvés, les orphelins, et les libérés pour lesquels elle accroît si étonnamment, à pure perte pour la société, chaque année son budget; les nombreuses faillites qui viennent chaque jour ajouter à l'embarras financier : ces complications diverses pourraient-elles ne pas être des motifs assez concluants pour la déterminer à voir le salut et la gloire de la patrie dans les efforts d'une association nationale en faveur d'institutions et de colonies agricoles à l'intérieur, répandues sur ses 52,768,618 hectares de superficie.

On ne peut atteindre ce but proposé qu'à l'aide d'une vaste association, dont l'action simultanée sur divers point de la France fera concourir, dans de justes limites, l'intérêt privé d'actionnaires et le généreux élan d'universelles sympathies à cette œuvre éminemment nationale.

Il y a sans doute bien des difficultés à vaincre. Il faut que le gouvernement se persuade qu'il ferait fausse route toutes les fois qu'il irait chercher ailleurs que dans l'intérêt agricole les premières sources de prospérité nationale ; il faut détruire le préjugé si funeste que l'agriculture ne peut procurer à l'homme ni considération, ni fortune ; il faut arrêter la dépopulation de nos campagnes, et trouver une combinaison qui, tout en dirigeant la jeunesse vers les principes de la saine morale, changera les fractions stériles de notre sol en riches cultures, et des jeunes gens oisifs en cultivateurs laborieux et instruits.

Mais par quels moyens obtenir de tels résultats ?

---

## CAS D'URGENCE.

*Voies et moyens transitoires à employer indépendamment de ceux ci-après indiqués.*

En présence des faits politiques accomplis,

Considérant l'embarras financier du trésor,

Appréciant les lourdes charges de la République,

Nous proposons :

1° De créer un capital formé dans tous les départements de France par le concours général de tous les bons citoyens, et qui devra être appliqué aux grands travaux d'urgence dans tout le ressort de chacun d'eux, tels que desséchements des marais et adoption des meilleurs systèmes d'irrigation.

2° D'obliger tous les ouvriers inoccupés et étrangers au département dans lequel ils se trouvent, à accepter une feuille de route avec indemnité pour rentrer dans leurs foyers.

3° D'organiser militairement, mais sans armes, dans chaque département, tous les ouvriers inoccupés, les appliquant à de grandes réparations ou constructions, à des travaux agricoles dans les propriétés nationales et communales, à des conditions avantageuses, telle que celles-ci : solde militaire, participation aux bénéfices nets des entreprises, répartition en lots de certains biens communaux (hermes ou bois) qui serait faite, dans chaque commune, entre tous ses habitants, à la charge pour chacun de payer annuellement 2 p. 100 de la valeur moyenne desdits biens.

4° Commande pourrait être faite, dans chacune de nos principales villes de commerce, au nom du Gouvernement, d'articles d'industrie et de commerce d'un facile débouché à l'extérieur, au prix un peu au dessus de celui du revient, et payable un tiers en numéraire, et deux tiers en papier-monnaie.

Toutes entreprises de travaux seraient établies d'après notre méthode de groupes ci-après expliqué.

La création du capital par concours pourrait se répartir, à Paris et dans les provinces, sur les bases suivantes :

1° Le Gouvernement allouerait le produit total de 20 jours des dépenses qu'il fait actuellement pour les ouvriers, qui, à 150,000 fr. par jour, produiraient : 3,000,000 fr.

2° Les membres de l'Assemblée nationale souscriraient sans doute pour l'abandon de quelques jours de traitement :

3° On organiserait une souscription dans tous les rangs de l'armée, de la garde nationale, du clergé, de la magistrature, des chambres de commerce, et des administrations civiles, etc.

Ami de la paix, nous n'osons pas jeter un cri de guerre à l'extérieur, pour y soutenir l'indépendance des principes politiques de la France, et sa gloire nationale; dans le but d'exciter l'émulation, et de satisfaire la noble ambition de notre jeunesse ouvrière inoccupée, dont les sentiments élevés lui ouvrent la carrière de tous les genres d'héroïsme.

« La guerre est un fléau et une véritable calamité; *alors même qu'en un temps donné* elle puisse être juste et quelquefois nécessaire. »

---

Nous avons dû nous poser ensuite sept questions, indiquées par la nature même du sujet, et dont la solution nous a paru indispensable au complément d'un travail de ce genre.

1° Quelle est la force numérique des individus à secourir ?

2° Quelles sont les dépenses exigées ?

3° Quelles sont les ressources sur lesquelles on doit compter ?

4° Sur quelles bases faut-il organiser les institutions et colonies agricoles à l'intérieur ?

5° Quelle base donner à l'organisation industrielle?

6° Quels seront les avantages réels qu'on a lieu d'en espérer ?

7° Quels en seront les statuts ?

C'est dans ce cercle que nous nous sommes renfermé, nous efforçant de marcher directement au but.

---

## *PREMIÈRE PARTIE.*

### FORCE NUMÉRIQUE DES PAUVRES A SECOURIR.

N'ayant en vue ici que le pauvre valide, l'ouvrier

notre frère travailleur, je me bornerai à apprécier, sous le point de vue qui nous préoccupe, les diverses catégories auxquelles il appartient, et qui deviennent ou la perpétuelle origine de la mendicité, ou la cause de tant d'infortunes :

1° Enfants trouvés.

2° Orphelins.

3° Libérés des deux sexes.

4° Ouvriers dépourvus de travail.

5° Familles déchues de leur position de fortune.

6° Mendiants vagabonds.

Tels sont les hommes dont nous voulons soulager la misère en les réhabilitant aux yeux de leurs concitoyens.

C'est dans cet ordre d'idées que nous avons commencé nos recherches de statistique, qui nous ont donné les résultats suivants :

1° Enfants trouvés des deux sexes, 123, 454.

2° Orphelins de 10 à 21 ans 70,000.

3° Libérés, à raison de 5,000 par année, qui donnent une moyenne en 7 ans, avant leur colonisation, défalcation faite d'un dixième pour la mortalité. . . . . . . . . . . 25,000

4° Ouvriers. Si nous mettons d'un côté les départements qui comptent le plus d'usines et de fabriques (1), et de l'autre ceux qui en comptent

(1) Tels que les départements de Seine, Seine-Inférieure, Rhône, Seine-et-Oise, Ardennes, Bouches-du-Rhône, Meuse, Haut-Rhin, Marne, Eure, Aisne, Bas-Rhin, Nord, Oise, Haute-Marne, Pas-de-Calais, Somme.

le moins (1), nous obtiendrons, en moyenne d'ouvriers simultanément inoccupés dans le cours de l'année par l'effet du chômage ou d'accidents, le nombre de . . . . . . . . . . . 24,500

5° Familles pauvres et malheureuses. Il y a tant de situations, tant d'événements imprévus, où les familles pauvres ont besoin qu'on vienne à leur aide, qu'il est difficile d'en faire un relevé exact. La société manquerait à l'un de ses devoirs, si elle ne tenait des secours tout prêts par le travail auquel on peut les appliquer sur des points du territoire, où leurs antécédents demeureraient inconnus. Le nombre qui pourrait être ainsi secouru se porterait à 850 ménages, qui, multipliés par 4 individus, donnent un total de 3,400.

6° Mendiants. C'est un fait évident, que, dans les départements où l'ouvrage surabonde, tels que celui des Bouches-du-Rhône, qui dépense annuellement pour ses établissements de bienfaisance ou hôpitaux, 2,960,500 fr., les mendiants valides sont si nombreux que Marseille en a journellement 350 sur son pavé; de sorte qu'en moyenne on peut évaluer les mendiants valides de France à 500 par département, qui donnent un total de . . . . . . . . . . . 43,000

On ne peut s'expliquer un tel fléau au sein de l'incessante activité qui a régné jusqu'à ce jour dans l'intérieur de la France, pour y terminer des

(1) Tels que ceux de Creuse, Morbihan, Corrèze, Haute-Loire, Aveyron, Finistère, Hautes-Alpes, Basses-Pyrénées, Cantal, Vendée, Landes, Côtes-du-Nord, Dordogne, Lozère, Lot, Haute-Vienne, Ain.

routes, des canaux, des voies ferrées et les travaux des ports ; cependant ce fait subsiste, et à quoi l'attribuer? A des moments de crise, sans doute, pour ceux d'entre les travailleurs qui n'ont d'autre aptitude que de charrier du sable ou de briser des pierres; mais les principales causes qui le produisent prennent leur origine dans la paresse de nos mendiants actuels, qui, sans autre peine que de tendre la main, obtiennent des résultats de beaucoup plus avantageux que ceux qui sont achetés au prix de quelques labeurs, et dans le grand nombre d'étrangers attirés chez nous par l'élévation du salaire.

Résumons ces détails, sur lesquels nous aurions moins insisté, s'il n'avait fallu établir un point de départ, pour rechercher ensuite les ressources que réclament les enfants trouvés ou orphelins, les pauvres et les ouvriers, qui nous sont si chers, et dont les besoins nous préoccupent si vivement.

Le nombre total d'infortunés dont l'association nationale se proposerait d'améliorer la position serait donc de 288,854 individus.

Nous n'opérons en effet sur le chiffre total du personnel à secourir qu'une diminution de 60,000. Qu'on nous fasse la grâce de croire que ce n'est point sans motif. Nous avons sous les yeux l'état statistique des enfants trouvés et orphelins de l'année 1845; or, ce précieux document, que nous avons puisé au ministère de l'intérieur, porte le nombre de ces pauvres enfants, âgés d'un jour à 12 ans accomplis, à 121,819. La réduction faite ne peut donc dépasser les limites du vrai. Si d'ailleurs on venait à nous objecter que nous sommes resté au dessous de la vérité en ne portant le nombre total des enfants trouvés depuis un jour (1) jusqu'à 21 ans accomplis qu'à 123,854, nous serions par là même invité à observer que ce chiffre ne s'applique qu'au nombre des enfants trouvés, indépendamment de celui des orphelins, que nous avons dû tenir en compte; et du nombre des enfants trouvés qui, étant demeurés chez leurs nourrices, n'entrent point dans la catégorie de ceux dont le sort appelle toutes nos plus vives sympathies.

On comprendra aisément qu'il est moralement impossible de s'arrêter à un chiffre absolu dans une question où tout est relatif. Citons pour exemple la comparaison que nous avons faite du nombre des enfants trouvés et orphelins d'un jour à 12 ans, et de 12 à 21 ans accomplis, dans trois départements. Le département du Rhône en avait en 1846, de la première catégorie 8,433, et de la deuxième 6,530. Le Var en avait dans celle-là 838, et dans celle-ci 1,005. Enfin le Doubs en 1842 en avait de la première 280, et de la seconde 291. Ces chiffres sont extraits de rapports officiels.

Si du nombre 288,854 nous faisons la défalcation de ceux d'entre les enfants trouvés des deux sexes au

(1) D'après le tableau comparatif de l'indigence dressé par M. de Gérando, il trouvait un indigent sur sept dans le département des Bouches-du-Rhône.

dessous de l'âge de dix ans, époque avant laquelle ils ne peuvent être utilement admis dans les institutions agricoles, le chiffre total se trouvant réduit d'autant, se portera à 228,854 individus. Telle est à notre avis la plus probable hypothèse dans laquelle on puisse se placer pour apprécier la force numérique d'individus valides à protéger contre les coups de l'adversité et les douleurs poignantes de l'infortune.

Si on croyait avoir quelque raison de se refuser à admettre ce chiffre, comme étant trop inférieur, nous inviterions nos contradicteurs à faire une étude aussi approfondie que nous de cette matière, et à tenir compte de la diminution si sensible qui s'opérerait dans le nombre des mendiants valides, du jour où, au lieu de favoriser leur paresse, on aurait à leur offrir partout de l'ouvrage à de sûres et avantageuses conditions. Dès lors, nul d'entre eux n'aurait plus de motif pour s'éloigner de ses foyers, et il n'y aurait pas d'inhumanité à ne plus tolérer en ce cas la mendicité. Telles sont les conjectures basées sur l'expérience acquise dans les départements où des essais ont été tentés pour abolir ce dévergondage, qui, aigrissant le caractère de l'homme, pervertit ses qualités morales, et l'offre en spectacle à la pitié ou à la risée publique. D'ailleurs, pouvons-nous dire en concluant cette première partie de notre travail, si le nombre de pauvres valides venait à dépasser nos prévisions, nous trouverions, sans nul doute, des ressources suffisantes dans les produits du sol français fécondé par leurs labeurs, et dans les sympathies, publiques qui accorderaient des fonds spéciaux à cette fin. Nous ne nous étendrons pas davantage sur ce sujet.

---

## *DEUXIÈME PARTIE.*

### QUELLES SONT LES DÉPENSES A FAIRE.

Nous voilà naturellement amené à examiner les dépenses exigées par l'exécution de notre plan.

Loin d'être pour la France l'occasion d'énormes dépenses, elle sera la cause de grandes économies et une source de prospérité, de puissance et de gloire.

Les moyens, il est vrai, doivent toujours être proportionnés à la grandeur et aux difficultés de l'entreprise, à moins qu'on ne veuille s'exposer à obtenir des résultats ruineux; mais en agriculture, moins qu'en toute autre exploitation, il suffit d'établir entre eux des rapports d'harmonie pour marcher au succès, à l'aide d'une organisation aussi ferme qu'éclairée, parce qu'on obtient des produits d'un débouché certain et presqu'à l'abri de toute concurrence désastreuse.

Les dépenses comprennent les frais de premier établissement et d'entretien annuel.

Les premiers frais d'établissement sont indiqués ordinairement par la construction ou l'appropriation des bâtiments et le mobilier, la literie et le vestiaire.

### § 1. Premiers frais d'établissement.

La direction centrale évitera de faire élever des bâtiments à grands frais, ayant le soin de choisir dans chacun des arrondissements de France, au nombre de 362, celles des propriétés nationales, communales ou privées, à acheter ou à affermer, dont les bâtiments seront les plus spacieux. Personne ne croira devoir nous contester sans doute qu'elle ne puisse en trouver au moins quatre par arrondissement qui puissent suffire à l'habitation de 800 individus. Toutefois, nous admettons qu'il faille dépenser dans chaque arrondissement, pour dispositions appropriées au but, 10,000 fr. : nous aurons en

| | |
|---|---|
| 1° Bâtiments. . . . . . . . . | 10,000 f. |
| 2° Mobilier aratoire. . . . . | 3,000 |
| 3° Cabaux. . . . . . . . . . | 30,000 |
| 4° Semences. . . . . . . . | 5,000 |
| 5° Literie (1) et vestiaire (2) pour 800 ouvriers dans quatre propriétés ou fermes par arrondissement, à 75 fr. 50 c. par individu. . . . | 60,400 |
| | 108,400 f. |

### § 2. Frais d'entretien annuel.

Les frais d'entretien annuel comprennent les

| | |
|---|---|
| (1) Literie complète. . . . | 55 » |
| (2) Vestiaire. . . . . . . . | 10 50 |
| | 65 50 |

sommes nécessaires pour le matériel et le personnel. Par matériel, nous entendons les frais 1° pour nourriture, 2° entretien et vestiaire, 3° blanchissage, 4° éclairage et chauffage.

MATÉRIEL.

| | |
|---|---|
| 1° Nourriture : 820 individus à 43 cent. le jour, faisant pour l'année 156 fr. 95 c., produisent un total annuel de . . . . . . . | 128,699 f. |
| 2° Vestiaire : 800 individus à 59 fr. par an produisent un total de . | 47,200 |
| 3° Blanchissage : 820 individus à 12 fr. par an donnent un total annuel de . . . . . . . . . . | 9,840 |
| 4° Eclairage et chauffage : par évaluation dans chaque arrondissement . . . . . . . . . . . . | 2,000 |
| | 187,739 f. |

PERSONNEL.

| | |
|---|---|
| 1° 20 employés, répartis dans les quatre institutions ou fermes de chaque arrondissement, auraient, en outre de leur participation au sixième dans les bénéfices nets, un traitement fixe qui se porterait à . . | 6,000 f. |
| 2° Curés des lieux, aumôniers, à 300 fr. . . . . . . . . . . | 1,200 |
| 3° Médecins, à 300 fr. . . . | 1,200 |
| | 8,400 f. |

1° Total des frais d'entretien annuel par quatre institutions ou fermes dans chaque arrondissement, comprenant les unes dans les autres 820 individus.

| | | |
|---|---|---|
| Matériel. . . . | 187,739 f. | |
| Personnel. . . | 8,400 | |
| | | 196,139 f. |
| 2° Total des premiers frais d'établissement par quatre institutions ou fermes dans chaque arrondissement. . . . . . . . . . . . | | 108,400 |
| Total général par arrondissement | | 304.539 f. |

Si nous multiplions ce total par les 362 arrondissements que nous avons en France, nous atteindrons le chiffre de cent dix millions deux cent quarante-trois mille cent dix-huit francs, ci . . . . . . . . . . . . 110,243,118 f.

| | |
|---|---|
| Ajoutons à ce chiffre les frais généraux d'administration et de direction générale, composés : | |
| 1° D'un directeur en chef, à 12,000 fr. . . . . . . . . | 12,000 |
| 2° D'un sous-directeur, à 4,000 fr. . . . . . . . . | 4,000 |
| 3° D'un secrétaire général, à 4,000 fr. . . . . . . . | 4,000 |
| 4° D'un secrétaire adjoint, à 1,500 fr. . . . . . . . | 1,500 |
| 5° D'un trésorier général, à | 4,000 |
| *A reporter* . . . | 25,500 |

| | |
|---|---|
| *Report.* . . . | 25,500 |
| 6° De quatre inspecteurs, à 5,000 fr. . . . . . . . . | 20,000 |
| 7° De frais de bureaux, évalués à 6,000 fr. . . . . . | 6,000 |
| 8° Dépenses imprévues, évaluées à 10,000 fr. . . . . | 10,000 |
| Total partiel. . | 61,500 |
| Total spécial. . | 110,304,618 f. |
| Pour effectuer le total général des dépenses, nous devons ajouter à ce chiffre l'intérêt des actions, se portant à 24,000,000 fr., au taux de 4 pour 100, indépendamment de la portion des bénéfices attribués aux actionnaires, et qui s'élèvent à . | 960,000 |
| Total général des frais pour 1448 institutions ou fermes agricoles en France, en comptant 4 par arrondissement. . | 111,264,618 f. |

Ce nombre de quatorze cent quarante-huit institutions ou fermes agricoles suffira pour débarrasser la France, au bout de six à sept ans, de tous les enfants trouvés et orphelins au dessus de l'âge de cinq ans, des jeunes acquittés mais renvoyés dans des maisons de correction, des ouvriers de l'arrondissement sans travail, et de ces familles malheureuses que la direction générale pourra coloniser sur des points du territoire français où elles n'auront ni à se prévaloir, ni à rougir de leur position sociale antérieure.

Toutefois, il ne faudrait pas se laisser effrayer par le chiffre élevé des frais généraux et spéciaux que nous venons de signaler. Sans avoir recours même, du moins pour une large part, au trésor public, il ne nous serait pas impossible de réaliser la somme totale en moins de six mois, en sorte qu'en une année, au plus, nous nous portons fort d'avoir organisé sur des bases durables les quatorze cent quarante-huit institutions ou fermes agricoles dont nous avons mentionné les dépenses.

Si cependant on nous conseillait de procéder partiellement au lieu de le faire d'après le plan d'ensemble que nous venons d'exposer, soit pour ne jamais s'écarter des règles dictées par la prudence, soit pour préjuger par analogie des résultats généraux qu'on pourrait obtenir sur une plus grande échelle par l'assimilation des moyens employés, rien n'empêcherait d'établir une de nos institutions agricoles sur chacun des départements placés aux quatre extrémités de la France. On élargirait ensuite la sphère d'action agricole d'après la constatation des résultats et l'expérimentation faite. Dans cette dernière hypothèse, nos frais ne dépasseraient point, dans cet essai de quatre établissements, la somme de trois cent quatre mille cinq cent trente-neuf francs pour un personnel de huit cent vingt individus, répartis en quatre catégories distinctes.

Pour demeurer dans les termes du vrai et d'une juste appréciation, nous devons ajouter qu'à l'expiration de la deuxième année, la direction générale serait en mesure de rembourser aux actionnaires un dividende d'environ 19,000,000 de francs, s'ils y tenaient, et de commencer à coloniser annuellement trois mille quatre cents familles pauvres, avec une dotation faite à chacune d'elles d'une somme de 5,000 fr., répartie dans les proportions suivantes :

| | |
|---|---|
| 1° Habitation composée de cinq pièces | 1,500 f. |
| 2° Terrain. . . . . . . . . . . . | 1,500 |
| 3° Mobilier. . . . . . . . . . . | 500 |
| 4° Cabaux et instruments aratoires. . | 500 |
| 5° Semences, plants ou provisions alimentaires. . . . . . . . . . . | 1,000 |
| Total, . . | 5,000 f. |

Sur cette base de dotation dans nos colonies, 3,400 familles absorberaient 17,000,000 de francs, qui, joints aux 19,000,000 fr. qui pourraient être répartis entre les actionnaires à titre de dividende en diminution du capital, ou placés en rentes sur des propriétés de l'Etat, balanceraient la somme totale des premiers frais d'établissement demeurant annuellement sans objet à l'expiration de la première année.

Ainsi essayons-nous d'indiquer les moyens qui concourent à produire les biens à l'aide desquels subsisterait la masse infortunée ou laborieuse tout entière, et chaque individu saurait comment il peut multiplier les ressources que la Providence lui a départies.

Telle est la science appliquée des lois qui président à la formation, à la répartition et à l'accroissement de la richesse du peuple. Elle nous ramène des effets aux causes et des causes aux effets, et se compose, non d'hypothèses, mais de faits.

---

## *TROISIÈME PARTIE.*

### A QUELLE NATURE DE RESSOURCES FAUT-IL DEMANDER UNE RECETTE CORRESPONDANT AUX FRAIS INDIQUÉS.

Nous sommes obligé de convenir que le but proposé d'après notre plan est si avantageux au Gouvernement qu'on pourrait, peut-être, sans trop de prétentions lui demander de fournir toutes les sommes qu'exigerait sa pleine et entière réalisation. Cependant nous ne croyons pas qu'il doive en être ainsi.

Loin d'accroître les charges du trésor public après avoir traversé une situation si difficile, et en des jours encore de crise financière, nous devons nous préoccuper de les diminuer, pour rendre au Gouvernement sa tâche à remplir plus aisée.

D'ailleurs, saurait-il manquer de prévision en engageant des sommes considérables, dont mille éventualités peuvent réclamer impérieusement d'un moment à l'autre la prompte et immédiate application ?

Cette œuvre est, en outre, trop glorieuse à la France pour qu'elle soit uniquement faite par le trésor.

Puisqu'elle peut si puissamment contribuer à la prospérité individuelle et publique, nous ne doutons pas qu'on ne demeure persuadé avec nous qu'il est à la fois et dans les convenances, et plus conforme aux règles strictes de l'égalité, et plus en harmonie avec les tendances démocratiques, et dans les plus véritables conditions de succès, de combiner l'action du Gouvernement avec celle des départements, des communes, des hospices, de l'ingénieuse charité de la France entière, de la propriété privée, et enfin de l'association nationale elle-même.

Voici quelles pourraient être les bases de cette combinaison.

Plaçons-nous d'abord dans l'une de ces deux hypothèses : ou les circonstances sont tellement graves qu'il faut brusquement sortir de l'ornière dans laquelle nous n'avons été que trop long-temps engagés, et, sans retard aucun, appeler simultanément aux travaux agricoles sur tous les points du territoire toute la force numérique dont nous avons déjà établi les bases ; ou bien, sans s'exposer à compromettre, ou du moins à trop ajourner le succès de cette œuvre, il convient mieux de se hâter d'en arrêter les conditions, et de procéder ensuite par fractions, et non par ensemble. Dans le premier cas, le Gouvernement devrait avancer tous les fonds nécessaires à la fondation des institutions agricoles et aux frais de tout entretien pour la première année, à la condition d'être remboursé de toutes ces sommes, au fur et à mesure que chacun des éléments de secours viendrait en participation pour former le capital général indiqué. Nul autre moyen, à notre, avis n'est plus prompt ni plus efficace, si toutefois le Gouvernement est en mesure de l'adopter. Nous ne savons point si nous pouvons l'espérer en présence de tant d'événements qui se pressent, de tant de pensées qui se croisent, de tant de projets qui se heurtent, et de tant de besoins nouveaux qui à chaque heure se révèlent. Dans le second cas, le Gouvernement, les départements, les communes, les bureaux de bienfaisance, les hospices, les dons, la propriété privée traduite en actions, et les produits qu'obtiendrait l'association elle-même, devront concourir dans des proportions données à la formation de l'entier capital.

1° D'après le compte-rendu du ministère de l'intérieur pour l'exercice de 1845, ce budget a fourni 1° 519,311 fr. 99 c., répartis en secours généraux aux bureaux de charité, institutions de bienfaisance et autres, et en secours à des personnes dans l'indigence 152,165 fr. 20 c.

A ces titres nous demandons en faveur de l'association nationale, dont le but spécial est de secourir toutes les infortunes spécialement par le travail, mais aussi par des secours distribués à domicile, que le ministère de l'intérieur lui alloue annuellement. . . . . 300,000 f.

| | |
|---|---|
| Les divers ministères de l'instruction publique, des travaux publics et de l'agriculture, soit à titre d'instruction donnée aux enfants trouvés, orphelins, etc., soit en faveur des ouvriers, soit enfin pour encourager les progrès de l'agriculture et multiplier les bons agronomes et les intelligents régisseurs : entre eux réunis. . . . . . | 700,000 |
| 2° D'après le compte rendu de l'année 1845 les départements ont dépensé uniquement pour les enfants trouvés ou orphelins au dessous de treize ans commencés la somme de 6,673,018 fr. 62 c. Nous ne demandons à tous réunis pour tous ces enfants depuis 10 à 13 ans. qu'un million, ci. . . | 1,000,000 |
| 3° Les communes, qui sont en France au nombre de 37,040, | |
| *A reporter.* . . . | 2,000,000 |

| | |
|---|---|
| *Report* . . . | 2,000,000 |
| réunissant leurs ressources, peuvent aisément se répartir entre elles, par département, dans les proportions de leur importance et de leur population, la somme de 100,000 fr. (1), qui, multipliée par nos 86 départements, offre un total de. . | 8,600,000 |
| Nous reconnaissons toutefois que le concours des communes ne peut être que facultatif. | |
| 4° Les bureaux de bienfaisance, au nombre de 7,000 en France, peuvent concourir à cette dépense pour 200 fr. les uns dans les autres, et qui forment un total de. . . . . | 1,400,000 |
| 5° Les hospices, qui seront toujours nécessaires en France, dans les villes même d'un second ordre, qu'il ne convient néanmoins pas de trop multiplier, par la raison que les frais généraux y absorbent en grande partie les revenus destinés au | |
| *A reporter* . . . | 11,000,000 |

(1) On trouvera ce chiffre bien peu considérable si on le compare aux dépenses actuellement faites pour cet objet dans plusieurs communes de France; Marseille seule dépense annuellement pour ses établissements de charité plus d'un million en allocations diverses.

| *Report* . . . | 11,000,000 |
|---|---|
| soulagement direct du pauvre, dépensent journellement de 80 cent. à 1 fr. pour chacun des enfants trouvés ou orphelins qui, au dessus de l'âge de 12 ans accomplis, sont demeurés à leur charge. | |
| Nous ne leur demandons que 50 centimes par jour pour chacun de ces enfants, qui, élevés à la campagne, y trouveraient, réunie à de meilleures conditions d'hygiène, une subsistance assurée pour l'avenir. Fixant au minimum le nombre de tous ces enfants réunis dans les différents hospices ou maisons dites de charité, à soixante mille, nous obtenons. . . . | 10,950,000 |
| 6° La charité en France fournit des millions pour des œuvres qui, excellentes en soi, sont ou purement de dévoûment ou ne peuvent avoir d'aussi beaux résultats matériels pour la gloire de la patrie et le soulagement de l'humanité : nous en trouvons surtout le motif | |
| *A reporter* . . . | 21,950,000 |

*Report* . . .

dans leur but, qui, est d'attaquer 21,950,000
les nombreux effets de l'indigence au lieu d'en combattre les causes. Dans le chapitre d'organisation nous indiquerons un plan plus longuement développé dans nos statuts, celui de propager une souscription mensuelle de 50 centimes par famille sur tous les points de la France, et recueillie par des chefs de décurie et de centurie. Ne comptant que sur un minimum de deux millions de souscripteurs nous obtenons. . . 12,000,000

7° L'une des meilleures combinaisons sociales qu'on peut faire de nos jours, à notre avis, consiste dans le concours des capitaux de la propriété privée ou de l'industrie avec ceux qui proviennent à titre de secours, soit de la charité, soit d'allocation de divers genres, parce qu'elles offrent un caractère particulier de solidarité et de mutualité : nous proposons la formation d'un capital par actions de vingt-quatre millions aux

*A reporter* . . . 33,950,000

| | |
|---|---|
| *Report* . . . | |
| conditions les plus avantageuses à la fois et aux actionnaires et au but de l'Association nationale, comme on le verra dans la suite de notre travail. . . . | 33,950,000<br>24,000,000 |
| 8° Les quatorze cent quarante-huit institutions ou fermes agricoles, réparties en quatre par arrondissement, composées chacune d'environ deux cents enfants, appelés à travailler sur une superficie d'environ 1,500 hectares contigus ou rapprochés, devront produire au minimum annuellement, à raison de soixante mille francs net pour chacun de ces établissements, un total de quatre-vingt-six millions huit cent quatre-vingt mille francs, ci. . | 86,880,000 (1). |
| Ces neuf éléments, si puissants de ressources, si faciles à | |
| *A reporter*. . . . . . | 144,830,000 |

(1) *Nota.* En n'évaluant qu'à un bénéfice de 60,000 fr. chacune de de nos institutions de 1,500 hectares, où nous aurons avec des capitaux environ deux cents jeunes ouvrières, nous sommes à l'abri de toute exagération, si on considère soit l'augmentation de la valeur vénale des propriétés achetées en friches, et ramenées à un état de prospérité par une culture perfectionnée, soit les produits agricoles et fourrages de tous genres, soit les bénéfices à faire sur les cabeaux, soit enfin les résultats d'une industrie spéciale appliquée aux exploitations rurales.

| | |
|---|---|
| trouver, qu'ils sont presque sous la main, et dont nous pourrons disposer aussitôt qu'on le voudra, offrent un total de cent quarante-cinq millions sept cent trente mille francs, ci total général des recettes à | |
| *Report du total des recettes.* | 144,830,000 |
| Nos dépenses se portent à cent onze millions deux cent soixante-quatre mille six cent dix-huit francs, ci total général des dépenses . . . . . . | 111,264,618 |
| Reste en caisse. . | 33,565,382 |

Cette somme, annuellement répartie dans d'équitables proportions, à titre de dividende ou de participation aux bénéfices entre les actionnaires, les propriétaires de fermes, les employés, les travailleurs et la caisse pour retraites, serait à la fois et une récompense méritée, et un puissant motif d'émulation.

Nous nous bornerons à répondre pour le moment à ceux qui, tentés de traiter tous ces comptes de chimères et de vaines utopies, ne nous objecteraient qu'une fin de non-recevoir, qu'ils veuillent bien se donner la peine d'en sonder les bases et d'en mesurer les proportions, et nous avons lieu d'espérer de l'impartialité qu'ils apporteront au sérieux examen des faits, qu'au lieu de juger les unes ruineuses et les autres trop colossales, ils auront confiance au succès. Et pourquoi ?

1° C'est qu'il s'agit d'une œuvre qui répond à tous les besoins de l'époque ;

2° C'est qu'elle puise ces ressources dans une simple nouvelle affectation de fonds tout faits, qui sont annuellement perçus et vainement jusqu'ici dépensés, dans la participation aux trésors déjà créés de l'inépuisable charité, dans le concours de l'intérêt privé, et dans les produits les plus assurés d'un travail qui ne peut jamais manquer à l'ouvrier ;

3° C'est enfin qu'il s'agit d'une œuvre dont les bénéfices sont répartis, non point au profit de quelques privilégiés, mais en faveur de la masse entière, dans les limites de justes proportions qui reposent sur le double lien de la force et de la faiblesse ; de la force qui impose le devoir de protéger, et de la faiblesse qui donne le droit de réclamer un appui.

Tel doit être sans doute le caractère de toute institution nouvelle à cette époque où, sur les débris d'un trône écroulé, doit s'élever l'œuvre d'une *Association nationale* destinée à propager à travers les siècles l'égalité par les droits et la fraternité par les institutions ; destinée à conserver la propriété et à la rendre plus féconde en la multipliant dans les mains d'un plus grand nombre d'hommes appelés à repeupler les campagnes.

## *QUATRIÈME PARTIE.*

### SUR QUELLES BASES FAUT-IL ORGANISER L'ASSOCIATION NATIONALE AGRICOLE.

Un nouvel ordre de recherches se présente à nous.

Nous avons essayé de constater d'une manière aussi certaine que possible la force numérique de a population ouvrière ou malheureuse à secourir, tout en reconnaissant bien que la fixation de ce nombre n'est qu'une évaluation plus ou moins probable, plus ou moins fondée.

Nous avons indiqué ensuite la nature des dépenses exigées, et les sources diverses du capital à former pour y faire face sous tous les rapports.

Il ne peut plus s'agir que d'en préparer l'organisation. C'est la plus étendue, la plus importante peut-être des questions que nous nous sommes proposé de résoudre. D'une bonne organisation dépend toujours le succès. Pour exposer avec clarté et méthode les développements dont elle a besoin, nous les distribuons en un certain nombre de chefs, qui font l'objet d'autant de paragraphes.

Il y a toutefois deux points importants auxquels je dois préliminairement m'arrêter.

1° La commission exécutive ne devrait peut être intervenir, à notre avis, dans l'organisation des travaux agricoles que pour les surveiller et les protéger. Notre opinion repose sur les modifications diverses qu'elle est exposée à subir et qui toujours entraînent la ruine ou la désappréciation de ses actes, sur les antipathies qu'elle peut rencontrer dans les fractions de la population dont le concours peut servir au succès d'une aussi vaste et aussi utile opération, sur la garantie de succès dont elle s'isolerait en n'y faisant pas concourir la nation elle-même, si instinctive pour satisfaire à tous ses besoins. Notre opinion, enfin, est fondée sur le principe si hautement proclamé de la souveraineté du peuple. Non, le peuple ne peut ni ne doit plus demeurer étranger à ses propres affaires, surtout à ses plus grands et à ses plus chers intérêts. S'il doit concourir à supporter les charges publiques, il a aussi le droit d'intervenir dans l'exercice du haut domaine, et de participer, dans les justes proportions de son concours, à tous les avantages sociaux qui en découlent.

Tels sont les puissants motifs qui nous ont suggéré la pensée du projet, que nous avons déjà soumis à l'opinion publique, d'une association nationale agricole. Son concours peut seul imprimer à cette œuvre un caractère de perpétuité et de gloire que le torrent des siècles ne saurait entraîner ni même flétrir.

Si l'Assemblée nationale croit devoir prendre l'initiative de l'organisation des travaux agricoles en invitant le ministre de l'agriculture à assigner à une commission spéciale leur direction immédiate, elle arrivera plus vite au but, et nos plus vives sympathies lui seront acquises. Nous demeurons toujours persuadé que c'est faire acte de bon citoyen que de participer, sous quelque forme que ce soit, à la combinaison des moyens jugés les plus propres, dans leur ensemble, à exercer la plus heureuse influence et à obtenir les meilleurs résultats.

Une seconde question, susceptible peut-être de longs développements, mais que nous ne devons faire qu'indiquer, s'est présentée d'elle-même à notre esprit.

De nombreux établissements et fermes agricoles disséminés sur tous les points de la France, mais placés sous l'unité d'une direction éclairée, pour initier graduellement les enfants trouvés et orphelins, l'ouvrier, même industriel, manquant d'ouvrage, aux divers genres de culture et aux diverses conditions de la vie sociale; offrent-ils un mode préférable à l'introduction immédiate de ces êtres si dignes de nos plus chères sollicitudes dans des familles, en qualité de serviteurs et d'ouvriers? Les motifs qui nous ont paru être de nature à déterminer la préférence du premier mode au dernier, les voici : l'éducation morale et professionnelle y est à la fois et plus assurée et plus avantageuse; la situation personnelle est plus digne, parce qu'elle n'est entachée d'aucun caractère de servitude; la combinaison de ses moyens d'action satisfait l'attrait, excite l'émulation et protége tous ses intérêts; enfin, le séjour temporaire de ces pauvres enfants dans des établissements agricoles, destinés à les initier graduellement, par la pratique agricole éclairée des meilleures théories, dans la vie sociale des colonisationsfaitesà l'intérieur de la France, les classe dansdes conditions normales de vie et d'avenir : ils ne sauraient plus avoir, au sein d'une autre famille, la triste analogie avec un corps étranger qui, introduit sous la paupière, cause à l'œil les plus vives douleurs, ou à l'un des membres du corps humain déplacé, et qui lui fait éprouver les sensations les plus aiguës. Ce que nous pouvons ajouter de plus décisif en faveur de notre opinion, c'est qu'elle est démontrée la meilleure par l'expérience et par les faits.

Nous nous hâtons de rentrer dans les limites de la question spéciale que nous nous sommes posée dans cette 4e partie de notre travail.

### § 1. Administration générale.

Un point extrêmement important est celui de l'administration générale de l'Association nationale agricole; d'elle dépendent en grande partie sa réussite et son avenir.

1° Son siége nous a paru devoir être placé à Paris, pour étendre ses ramifications avec plus de facilité sur divers points de la France.

2° Elle est composée de membres éclairés formant la direction générale, qui comprend une commission administrative, un conseil, un jury d'examen pour les candidats à divers emplois, et un comité de surveillance pour l'emploi des fonds. Leurs attributions sont indiquées dans le chapitre de nos statuts.

Six sous-directions sont établies sur les mêmes bases à Marseille, Bordeaux, Nantes, Lyon, Strasbourg et Lille, pour servir à la direction générale comme autant de points de ralliement avec la France entière, comme autant de bras pour la diriger vers l'amélioration de toutes les conditions sociales, comme autant de pivots sur lesquels doit rouler une bonne organisation.

Des chefs de décurie et de centurie, des chefs de subdivision et de division sont établis pour recueillir sur tous les points de la France les dons volontaires et les produits d'une souscription mensuelle de 50 c.; ils correspondent avec la direction générale pour l'envoi des fonds, et la consultent sur toutes leurs opérations, dont ils doivent lui rendre un compte exact. Nous nous bornons ici à ce point de vue général, nos statuts renferment les détails.

Des institutions ou fermes sont d'abord établies sur les divers points désignés pour les six sous-directions, ensuite près de chaque chef-lieu de département, et, enfin, les opérations de la direction générale s'étendront sur tous les arrondissements.

3° L'esprit de l'administration générale, loin d'isoler et de désunir, en détruisant tous les rapports entre les puissants et les faibles, doit être fondé sur le double lien de la force et de la faiblesse; de la force, qui impose le devoir de protéger, et de la faiblesse, qui donne le droit de réclamer un appui secourable à la faiblesse; compatissant pour le malheur, tolérant envers tous, ennemi de la violence, il doit s'efforcer d'opposer le sacrifice de chacun à l'avantage de tous, pour détruire l'égoïsme et ne cesser de semer les grands principes d'une semblable liberté pour tous, d'égalité dans la réciprocité des devoirs et des droits, et de fraternité entre toutes les conditions sociales.

Telle nous paraît devoir être sa mission magnifique, si elle la comprend, mais d'une redoutable responsabilité !

### § 2. Administration des institutions, fermes et colonies agricoles.

Pour que cette administration puisse remplir dignement la belle et sublime mission à laquelle elle est appelée, il faut qu'elle soit composée d'hommes spéciaux et dévoués qui soient unis par les doux liens de la fraternité évangélique et nationale.

Elle se constitue de trois éléments relatifs à la triple influence à exercer pour atteindre un but commun.

Le premier élément est celui de l'influence moralisant les masses en les éclairant : de dignes directeurs et directrices, suivant le sexe du personnel de l'établissement, sont chargés de l'économat et des exercices religieux et d'instruction, sous les auspices de l'aumônier qui, autant que possible, sera le curé du lieu, pour des motifs de la plus haute considération.

Le second élément est disciplinaire. Il appelle avec confiance le concours des sous-officiers en retraite, qui, habitués déjà à diriger les hommes, seront les surveillants actifs de nos établissements agricoles; aux heures de repos et de travail, diviseront le personnel de chacun d'eux en compagnies et bataillons; les passeront en revue tous les dimanches, veilleront à leur discipline; leur apprendront la gymnastique, et les formeront aux diverses évolutions militaires; seront enfin envoyés à leur tête, par fractions, lorsqu'elles seraient appelées, comme autant de colonnes mobiles, pour concourir sur divers points à de grands travaux agricoles.

Le troisième élément est relatif à la salutaire influence du travail. Un directeur en chef de travaux, désigné sous le nom de régisseur, qui sera le comptable, et au moins deux chefs ouvriers, dont l'un sera appelé maître et le second contre-maître, seront spécialement chargés de travailler eux-mêmes, en indiquant aux autres les moyens de réussite les plus assurés, dans les divers travaux à exécuter, dans le choix et l'emploi des outils, dans les soins à prodiguer aux cabaux.

### § 3. Distinction des établissements agricoles.

Nous les divisons en trois catégories: 1° les institutions, 2° les fermes, 3° les colonies.

1° Persuadé qu'il nous importe beaucoup de

former de bonnes domestiques et femmes de ménage pour la campagne, nous nous sommes proposé de profiter des beaux résultats obtenus déjà dans des établissements de ce genre, fondés soit dans l'Hérault, soit à Perpignan ou ailleurs, pour créer des institutions agricoles de filles. Des femmes entendues à certains genres de travaux auxquels il convient de les appliquer à la campagne les formeront en travaillant avec elles dans nos institutions. De concert avec les sages directrices, elles dirigeront ces établissements de filles sur des bases semblables à celles de nos institutions d'hommes.

Les institutions des deux sexes devront être ordinairement sur des propriétés acquises par la direction générale, au profit de l'Association nationale, à cause des dispositions et modifications à apporter dans les bâtiments.

2° Les fermes sont le deuxième degré par lequel nous faisons passer notre jeune personnel.

Dans ces propriétés, affermées au compte de l'Association nationale, sont placés un maître et un contre-maître à la tête d'un personnel composé de ceux d'entre les enfants les plus âgés des deux sexes qui se seront le plus distingués par leur conduite et leur aptitude.

Cette admission dans les fermes sera une première récompense envisagée sous le double point de vue de l'exercice de sa liberté et d'intérêt individuel, qui ressortira de l'intérêt général proportionnel aux produits de la ferme.

3° Les colonies ont pour objet d'unir par des liens légitimes nos jeunes gens des deux sexes, et de les attacher au sol, en les aidant à prendre des fermes à leur propre compte, et même à les établir propriétaires d'un petit lot de terrain à titre gratuit et cependant incommutable, pour leur assurer des ressources dans l'avenir. Les produits de leur champ, ou des journées et des forfaits qu'ils pourront faire sur d'autres propriétés, seront des gages de securité et de bien-être. En retour des sacrifices qu'on pourrait avoir faits pour eux, ils concourront, en payant annuellement 1 p. 100, à subvenir aux besoins des pauvres invalides.

§ 4. **Population des institutions, fermes et colonies agricoles.**

La population des institutions agricoles est l'élément primordial de leur constitution. Toutes les autres questions sont nécessairement subordonnées à celle-ci.

Nous manquons sans doute d'éléments catégoriques pour dégager cette inconnue assez difficile à trouver.

Les données qui nous ont déterminé à en porter le total à 228,854 en France sont toutefois de nature à fixer l'opinion publique, en attendant qu'à l'aide du temps le fait que nous recherchons puisse être constaté d'une manière certaine.

Ce calcul a pour base les documents les plus certains que nous puissions avoir ; nous les avons puisés dans les rapports officiels déposés au ministère de l'intérieur : 1° le nombre des enfants trouvés au dessous de douze ans accomplis était, au 1er janvier 1848, de 121,819 ; 2° d'après le recensement fait dans les départements du Rhône, du Var et du Doubs, leur nombre de 12 à 21 ans égale à peu de chose près celui au dessous.

Nous avons encore pris pour base la durée de la détention des enfants condamnés pour avoir agi sans discernement ; le nombre des condamnations prononcées depuis le 1er janvier 1844 jusqu'au 1er septembre 1845, et qui se porte à 764, dont 690 garçons et 74 filles ; le nombre de jeunes libérés, dans l'espace de ces vingt mois, qui a été de 748 ; enfin, nous avons tenu compte du nombre des jeunes libérés retenus encore jusqu'à ce jour 10 mai 1848, dans les dix-neuf pénitenciers que nous avons en France, et qui comprend une population de 3,195 individus.

Nous avons indiqué les autres bases sur lesquelles reposent nos calculs.

Il en est résulté que, le passé servant de règle à nos prévisions de l'avenir, nous avons cru devoir porter notre personnel à 800 par arrondissement, ce qui donnerait un total de 200 individus pour chacun des quatre établissements qu'il renfermerait.

Les ouvriers mariés sont placés dans des fermes distinctes ou dans des colonies dont les bâtiments juxtaposés, mais aboutissant à la propriété qui leur est confiée, leur offrent tout à la fois réunis les avantages de la facilité des rapports et de la liberté acquise par le fait et indispensable à la population des campagnes.

Le nombre d'ouvriers qui nous viendra des grandes villes ne peut être déterminé, nous l'avouons, que par voie de conjecture; mais la vaste étendue des terrains en friche ou de peu de rapport, le besoin partout si vivement senti de diriger avec des capitaux les bras vers l'agriculture, et la grande sphère d'action sur laquelle est appelée à opérer la direction générale de l'Association nationale, nous font augurer favorablement des moyens de pouvoir en occuper toujours un très grand nombre aux époques de chômage.

### § 5. Choix des propriétés destinées aux établissements agricoles.

Nous devons toujours choisir de préférence à toutes autres les propriétés nationales ou communales que le gouvernement et les communes voudront mettre à la disposition de l'Association, aux meilleures stipulations en faveur de l'ouvrier et du pauvre.

Trois conditions ne devront jamais échapper à la perspicacité des agents de la direction générale dans le choix qu'ils sont appelés à faire des propriétés à acquérir et à louer, 1° pour les institutions, 2° pour les colonies agricoles.

1° Les institutions agricole seront établies autant que possible dans des localités salubres, d'une communication facile avec les chefs-lieux de département, d'arrondissement et de canton, et ayant déjà des bâtiments solides et spacieux, offrant intérieurement les conditions voulues pour prévenir les évasions.

Dans le cas où la superficie du sol arable sur lequel seraient construits des bâtiments convenables serait insuffisante, la direction prendrait à bail d'autres terres contiguës ou situées dans le voisinage, moyennant un prix de loyer convenu.

2° La vaste superficie du terrain pour établir nos colonies sera toujours préférable à l'étendue de bâtiments sur des fractions exiguës ou morcelées du territoire français. On pourrait peut-être avec quelque utilité et grande économie y faire construire des habitations avec des briques simplement séchées au soleil, du moins dans les localités dont la terre est très propre à cet usage. Napoléon n'hésita pas d'en employer pour les fortifications de Belbeis durant sa campagne d'Égypte, et la plupart des maisons de Constantine sont faites avec les mêmes matériaux.

Pourquoi n'emploierions nous pas ce mode de construction pour nos colonies, et même pour nos institutions agricoles ? Tout le monde, et même les enfants, peuvent être employés à cette fabrication, et tandis qu'un homme ne fait ordinairement qu'un mètre cube de maçonnerie par jour, il en fera deux par jour avec ce genre de briques.

### § 6. Régime intérieur.

Nous n'entendons établir ici que les bases du régime intérieur à suivre dans nos établissements agricoles connus sous le nom de fermes ou d'institutions. Les colonies agricoles sont tout à fait à part, et pourront être régies par des conditions et sous clauses spéciales réciproquement acceptées.

Nous désirons qu'une paternelle mais sévère discipline y soit maintenue. Nous éviterons avec le plus grand soin d'y élever le personnel qui en fera partie dans des habitudes de mollesse ou d'aisance qu'il ne peut continuer à conserver toute sa vie, parce qu'elles s'éloignent des usages reçus à la campagne et dépassent les ressources ordinaires dont on peut y disposer. Ce grave inconvénient, dont on n'a peut-être point assez tenu compte jusqu'à ce jour dans divers établissements de charité ou de travail, prépare aux enfants qui s'y trouvent de grands sacrifices et de cruelles épreuves dans un prochain avenir, et devient le plus souvent, si ce n'est la cause, au moins une occasion de désordres et de délits.

Cette discipline ne devra point avoir le caractère de l'isolement et du morne silence que nous rencontrons dans nos maisons de réclusion; les communications les plus franches et aussi les plus utiles doivent y être facilitées, et on y propage l'esprit d'association dans les divers travaux qui seront à exécuter ou services à faire.

Le régime alimentaire sera très simple, mais dans des conditions de bonne hygiène et assez abondant. Toutefois, pour entretenir l'émulation du travail, il sera permis d'affecter en supplément de nourriture la petite partie du produit laissée à la disposition immédiate de l'individu; mais il ne pourra l'employer ni en vin ni en eau-de-vie.

La journée y est réglée de manière à laisser une large part au travail.

Le premier travail est celui du service intérieur sous tous les rapports.

Le second est tout ce qui a rapport aux travaux agricoles. Rien n'est négligé dans nos établissements pour attacher l'individu au sol.

L'attrait, l'émulation et l'intérêt, sont toujours des moyens qui y sont employés avec succès.

Mais si tout le personnel de nos établissements doit concourir à tous les genres de travaux agricoles, en proportion des sexes, des constitutions et de l'âge, il participe aussi aux bienfaits d'une bonne et utile éducation. Elle se divise en quatre branches : éducation religieuse, un peu scientifique, professionnelle et militaire.

On y consacre deux heures par jour et la plus grande partie de la journée du dimanche, pendant neuf mois de l'année; durant l'hiver on y en consacre trois.

L'aumônier est spécialement chargé de l'instruction religieuse et morale : une pleine liberté y est acquise à tous les cultes.

Les sages directeurs et directrices enseignent la lecture, l'écriture, l'arithmétique, la géométrie, l'arpentage, le dessin linéaire, un peu de mécanique et d'architecture, de botanique et d'herboristerie.

Le régisseur est chargé d'enseigner les meilleures théories relatives à tout ce qui se rattache à l'économie agricole; il doit se faire aider par les maître et contre-maître dans leur application.

Le sous-officier donne des leçons de gymnastique, de politesse et de tactique militaire.

Chaque trimestre un rapport exact sur les résultats obtenus est adressé de chaque institution à la direction générale.

Dans les fermes, on s'occupe uniquement de mettre en pratique les enseignements qu'on a reçus antérieurement dans les institutions agricoles.

Il en est de même pour les colonies.

Telle est la grande et sainte mission qu'il y a à remplir au sein de nos campagnes, pour soutenir les sociétés en marche à la hauteur où la divine Providence les a placées.

L'émancipation spontanée des peuples les appelle infailliblement, s'ils n'en mésusent, à la gloire nationale et à la prospérité publique.

## *CINQUIÈME PARTIE.*

## ORGANISATION DE L'INDUSTRIE PAR GROUPES.

### *Aperçu de la mise en mouvement.*

C'est dans l'œuvre socialiste au point de vue vraiment moral que le proverbe *expérience passe science* doit être mis en pratique.

Toutes les expériences qui en ont été faites dans toutes les réunions et mouvements de la Compagnie d'échange et de la famille adoptive que nous avons connue sur divers points de la France et de l'Allemagne ont fait trouver des facilités et des satisfactions là où l'on n'attendait que des difficultés et des peines, et presque toujours au commencement on s'est trouvé tout surpris de trouver un aide dans la personne de celui qui devait offrir un antagoniste ou un ennemi!

Il ne faut donc pas s'arrêter devant l'apparence *de difficultés d'accord*, qui ne sont effrayantes que parce que le penseur ne les envisage qu'au point de vue *insociétaire*.

C'est donc le cas de se réunir au plus tôt en série de groupes scientifiques, pour s'exercer à la science et à la pratique de *l'accord*.

L'accord, dans le groupe d'ambition, ne pouvant naître que des inégalités graduées et de la déférence de l'inférieur envers le supérieur, comme dans la momerie maçonnique, qui a préféré le simulacre de l'ordre à sa réalité, il s'agit, pour nous, de passer de ce simulacre à cette belle réalité.

Ainsi, dans l'entrée en fonctions du premier groupe qui voudra passer de l'état *confus*, mal à propos appelé libre, *à l'état d'accord*, la forme devant dans ce premier acte emporter le *fonds*, il est procédé à une hiérarchie provisoire qui donne la police de la réunion à un président. Un numéro d'ordre donne droit à la priorité de la parole à chacun des membres du groupe, le tout AVEC UNE RÉELLE SOLENNITÉ, qui ne peut naître que d'un vrai sentiment, l'Espérance. Quel ordre social doit naître de la réussite de l'ordre à établir dans le premier groupe en état d'action !

Le classement opéré, chacun expose, à son tour, ses sentimens, ses convictions, ses vœux, ses vues sur le but que la réunion se propose; et, immédiatement après, le groupe procède sur ces données à la classification de ses membres par ordre de mérite, sous les trois aspects, à savoir : de la science, du zèle ou ardeur, et de la constance.

Cette classification opérée, le groupe conclut, dans son procès-verbal, par quelques déclarations de principes scientifiques, et arrête ses travaux pratiques du jour et du lendemain.

Il faut que, d'un mouvement libre et spontané, toute la Société se lève et marche comme un seul homme; ce que l'armée de guerre fait par force, celle de li'ndustrie doit le faire spontanément.

### *Note élémentaire pour le public admis aux informations.*

L'ordre exige que la Société n'admette aucune demande de travail individuel.

Tout travail doit être exécuté par un ou plusieurs groupes de travailleurs, au nombre de huit, qui doivent s'entendre entre eux pour la répartition du salaire, dans une méthode simple et mécanique dont il leur sera donné la clef.

La Compagnie n'entreprend que des travaux à forfait et à un prix total débattu, dans l'intérêt commun du donneur de travaux et des travailleurs; elle n'a d'autre bénéfice que sa commission.

Le groupe ou les groupes qui ont entrepris le travail s'en partagent entre eux le prix proportionné au temps que chacun y a mis, et eu égard au degré de mérite dans lequel son groupe l'aura classé.

Prenons un exemple: 10 mètres cubes de terre à enlever au prix à forfait de cent francs, le travail fait en quatre jours par 8 terrassiers classés entre eux, savoir: Pierre à 5 sous l'heure; Paul à 6 sous l'heure; Jacques à 7 sous l'heure; Guillaume à 8 sous; Jean à 9 sous; Joseph à dix sous; Bernard à 11 sous, et Barnabé à 12 sous. Le travail fini, on compte les heures que chacun aura mises; et, sur la quittance du groupe tout entier, la compagnie donne le montant au caporal du groupe, qui le distribue.

Toujours, ou autant que possible, le travail doit s'exécuter en compagnie, tant pour le profit de l'appréciation réciproque de tous les mouvements, que pour préserver le travailleur de l'ennui, qui est compagnon de la solitude ; ainsi, pour un travail qui occuperait deux ouvriers pendant un mois, on mettra, si la chose est possible, quinze ouvriers pendant deux jours, et cela, pour la plus grande facilité de la manœuvre industrielle.

## *Notice pour 64 personnes qui doivent former la première série de groupes.*

**Initiation à l'organisation du travail.**

Ce labeur d'initiation exige, de la part de chaque postulant, une lecture attentive du Code social et du travail de M. Biancourt sur l'organisation du travail.

Par cette lecture chaque initié sera devenu apte à comprendre que son concours immédiat à l'œuvre ne peut manquer de lui procurer un profit immédiat de réussite.

Un droit d'inscription proportionné à la qualité du travail que demandera tout individu doit, au moyen des milliers de demandes dont les bureaux seront assaillis, lui procurer une recette de plusieurs centaines de francs par jour. — Le nombre des inscriptions, ne se portant, dans trois mois, qu'au nombre de 64,000, donne 1,000 fr. pour chaque fondateur en moyenne. — Après cette première réussite et pendant le cours des inscriptions, les inscrits peuvent avoir exécuté un million de commandes, qui, à 2 pour 100 de chaque côté, donnent une recette de 80,000 fr., soit 1,600 fr. environ pour chaque individu, — Cette première réussite est le gage d'une impulsion qui placera en état d'organisation plus de cent mille travailleurs se demandant mutuellement, par notre entremise, la fourniture de leurs besoins et consommations; lesquels, sur une moyenne de 1,000 fr. l'an, que l'organisation leur a procurés, donnent une mutation de cent millions de travaux faite par les uns au profit des autres, et moitié autant au profit des gens en dehors de l'organisation; ce qui à 2 pour 100 de chaque côté donne une recette de 6 millions environ, soit en moyenne 100,000 francs pour chaque fondateur, et cela pour salaire du travail le plus facile, le plus attrayant et le plus glorieux qui ait été jamais entrepris ! !... — Que faut-il pour cela ? Comprendre et faire comprendre à l'élite des capacités industrielles que l'ordre et la justice sont la suite forcée de l'inégalité graduée entre tous les hommes classés entre eux par l'universalité des suffrages appliquée à tout. — L'armée n'a que la dixième partie de sa force, parce qu'il n'a pu entrer dans la tête des penseurs militaires d'établir la graduation de bravoure entre les huit soldats qui forment le peloton, lesquels, par cette graduation hiérarchique seront affranchis de l'égalité funeste qui leur met l'un contre l'autre le sabre à la main, ou les fait s'entretuer un jour de bataille, à cause de l'égalité de droit au grade de caporal dont le hasard ou la faveur seule les décore. — La contiguité entre les égaux est toujours source d'inimitié ou de concurrence, en même temps qu'elle est le tombeau de l'émulation. Tout le prestige et le principe social est dans la hiérarchie du groupe: cela compris, l'homme est tout puissant de force et d'intelligence ! Il a secoué le joug de la pauvreté et de l'égoïsme, il marche droit à sa fortune par son plaisir et son amour pour ses égaux éloignés et pour ses émules auxquels il touche ! ! Quiconque va s'élever à ces simples conceptions est certain d'*être accepté supérieur* parmi la foule des hommes habitués à l'ornière de l'égoïsme. — Tout autre moyen de faire fortune est interdit aujourd'hui à tout homme qui n'a de l'argent que pour son entretien et celui de sa famille: il faut qu'il joue à la hausse ou à la baisse sa vie et celle de sa femme et de ses enfants, puisque le commerce est tout entier dans les mains de l'agiotage, ennemi naturel et juré de tout ordre, de toute organisation, de toute hiérarchie !

Un grand maître souverain absolu, un Rothschild et ses millions d'esclaves, tel est le pouvoir que 64 hommes intelligents, et libres de toute servitude pécuniaire, auront pouvoir de soumettre à laloi suprême de l'ordre, le jour où, par l'ordre établi entre eux, ils pourront appeler toute la société à l'Ordre.

## *SIXIÈME PARTIE.*

### QUELS SONT LES AVANTAGES DE NOTRE ORGANISATION AGRICOLE ET INDUSTRIELLE.

Nous savons qu'un comité pour l'amélioration du sort des travailleurs et de l'agriculture, chargé d'étudier toutes les questions relatives au travail, doit ne pas tarder à se réunir dans les bureaux de l'Assemblée nationale.

Le gouvernement de la France, qui est appelé à accomplir de grandes choses, entendra peut-être notre voix lorsqu'elle vient lui demander justice pour ceux qui travaillent et qui souffrent.

La sollicitude éclairée des membres du comité pour les travailleurs et d'agriculture est pour nous une garantie de leur adhésion à notre travail d'organisation agricole et industrielle, qui, examiné sous toutes ses faces, ne présente que de beaux résultats,

Toutefois nous croyons qu'il n'est pas inutile pour la cause que nous défendons avec ardeur de toutes nos sympathies de nous livrer à quelques considérations, afin de rendre bien sensibles les avantages qu'offre la réalisation de notre projet.

Ses avantages consistent dans la combinaison de ses voies et moyens, et dans ses résultats.

### § 1.

Le premier avantage qui résulte de notre combinaison est qu'elle est applicable de suite, et sur une échelle plus ou moins large, sans nuire à ses résultats; le concours de la triple influence religieuse, disciplinaire et laborieuse, exercée par des éléments spéciaux et s'harmonisant dans ses sphères d'action tout à la fois identiques et diverses, contribue puissamment à rendre l'organisation de l'administration intérieure de nos institutions aussi ferme qu'éclairée, aussi simple qu'efficace.

L'une sert à l'autre de motif d'émulation réciproque, est l'occasion d'un contrôle mutuel, et devient la cause d'une puissance d'action combinée qui leur devient commune.

Les éléments divers dont se constitue notre personnel tendent au même but par des moyens différents, mais dans le plus grand ensemble.

L'attrait, l'émulation et l'intérêt, sont trois puissants mobiles pour gouverner les masses: le premier attire, le second excite, et la vue du troisième détermine.

Nos ouvriers savent que leur état de misère ne les contraint plus à se priver des joies légitimes de la famille; garçons et filles, élevés dans des établissements agricoles distincts, mais sous l'influence de la même discipline et d'identité d'habitudes, sont appelés à s'unir, s'ils le veulent, par ces liens qui captivent les affections du cœur en leur subordonnant tous les intérêts.

Non, ils n'auront plus la pensée de quitter la paisible retraite des campagnes pour aller chercher au sein de nos cités jusqu'à la fange du vice pour se couvrir de ses haillons.

Le sublime instinct de la vertu les attachera au sol, de légitimes désirs pourront y être satisfaits;

de là naît un puissant attrait aux travaux agricoles.

Nos jeunes ouvriers verront s'ouvrir devant leurs pas une carrière de gloire, le mérite aura son avancement; mis sur le pied de l'armée, ils peuvent aspirer à monter successivement de grade en grade.

On sait de quel noble élan l'émulation bien dirigée devient la source!

Le travail y a un salaire. D'une légère rétribution, qui leur est distribuée chaque jour dans nos institutions, en même temps qu'une éducation mâle appliquée aux travaux de la campagne, nos ouvriers passent à des avantages pécunaires plus considérables par leur participation aux bénéfices nets de nos fermes où ils sont placés; une caisse de retraite les rassure pour l'avenir, et la perspective du petit lot de terrain, joint à une modeste habitation, avec quelques approvisionnements qui leur sont livrés plus tard par l'Association nationale, à titre gratuit mais incommutable, les anime et les rend heureux d'avance d'un bonheur qu'il est permis de goûter, mais qu'il est impossible de décrire.

La combinaison des sources productrices des fonds se prêtant une réciprocité de concours offre de plus grandes garanties, soit aux actionnaires, soit au succès de l'Association nationale. Des valeurs immobilières; des spontanées allocations du Gouvernement, des départements, des communes et des hospices; les dons gratuits; les souscriptions mensuelles de 50 centimes, recueillies par chefs de décurie et de centurie, et qui devraient être si considérables par tant de considérations; enfin les produits du travail, sont coordonnés dans leur ensemble d'application, de manière à exciter l'émulation de l'actionnaire tout en le rassurant contre toute crainte d'y perdre son capital, et à accroître la masse des produits de la douce et bienfaisante charité.

Dans ce cercle d'idées on ne peut pas redouter la banqueroute ni la spécuation.

§ 2.

Les résultats de cette organisation sont si évidemment avantageux que personne ne saurait les révoquer en doute.

1° L'augmentation des produits territoriaux serait incontestable. Loin de continuer à avoir en France annuellement un déficit de 17,000,000 de fr., représentés par 800,000 hectolitres céréales, il nous sera donné de doubler les produits alimentaires sur les 25,559,155 hectares de terre arable que nous avons; et les 7,791,672 hectares de landes, pâtis et bruyères, qui ne rapportent actuellement qu'un revenu de 6 fr., nous produiront un revenu de 60 fr. par hectare, ce qui donne un accroissement annuel de ressources en plus de 421,750,288 fr.

2° L'augmentation sensible des finances du trésor public serait de trente-deux millions annuellement au moins; car nous n'apprécions que la plus-value du produit des impôts, qui, au lieu de ne frapper que de 75 cent., frapperait de 5 fr. environ les 7,791,672 hectares de terrain que nous ferons passer de l'état en friche en état de culture.

3° L'amélioration commerciale en dériverait infailliblement. L'une des sources de la prospérité commerciale est l'abondance de ces premiers éléments qui fournissent aux moyens de transformation des fabriques, et l'autre source de prospérité pour le commerce est l'accroissement de la consommation. Ces deux grands avantages résultent de la réalisation de notre projet, puisque le grand nombre de bras que nous portons avec des capitaux au sein des campagnes assurent à la fois promptement une hausse sensible, et dans la production et dans la consommation;

4° La force aggressive et défensive de la nation s'élargit aussi sur des proportions colossales et instantanées. Au premier signal, la patrie pourra avoir sous les armes 288,864 travailleurs, des travailleurs qui seront de véritables soldats déjà exercés à la manœuvre, faits à la discipline et endurcis par le travail, qui, après avoir rempli le rôle de vaillants défenseurs du territoire, retourneront à la bêche et à la charrue pour continuer à le féconder par leurs sueurs. En temps de paix ces troupes ne coûteraient pas un sou à l'Etat.

5° Nul doute de l'immense résultat qu'assure l'exécution de notre projet pour l'amélioration de la situation morale et d'ordre public. Si la faim est une perfide conseillère, si l'oisiveté enfante tous les vices, les travaux agricoles, par leur variété et la simplicité des habitudes qu'ils inspirent, moralisent la masse et l'attachent au sol par l'intérêt de la propriété.

D'ailleurs, les unions légitimes, que favorisent étonnamment nos institutions distinctes des deux sexes, contribueraient puissamment à moraliser nos ouvriers en les retenant à la campagne par l'attrait des joies et des douceurs de la famille;

6° Evidemment, la situation de bien-être matériel pour tous les ouvriers, enfants trouvés et orphelins, y deviendrait bien meilleure que dans la situation présente : car tous auraient, 1° une subsistance assurée, puisqu'il suffit d'avoir de la terre, du soleil, des capitaux et des bras, pour obtenir des produits, dans d'inégales proportions, il est vrai, mais toujours dans des proportions réelles; 2° une retraite en cas d'infirmité, calculée sur le nombre d'années passées aux travaux de nos établissements agricoles; 3° enfin l'assurance d'une petite aisance dans un prochain avenir, puisqu'en employant 17,000,000 de fr. sur le capital employé la première année en frais de premier établissement, et qui, dès lors, deviendraient sans objet, la direction générale de l'association nationale peut coloniser annuellement trois mille quatre cents familles, en dépensant pour chacune d'elles 1° 1,500 fr. en terrain, 2° 1,500 fr. en constructions, 3° 1,000 fr. pour semences, plants, cabaux et provisions alimentaires, et 500 fr. pour mobilier. Total 5,000 francs.

En attendant d'obtenir cet avantage par une marche régulière, l'un des moyens les plus efficaces dont nous désirons faire immédiatement l'application est l'appel de tous les ouvriers inoccupés dans les grands centres de populations, ainsi que les enfants trouvés de quatorze à vingt-et-un ans, aux besoins desquels il est aisé de subvenir de suite par le concours de trois éléments de fonds que nous avons indiqués; 4° enfin, étendant toutes ses sollicitudes sur les divers genres d'infortunes qui assaillent l'homme dans la société, sans toutefois vouloir s'immiscer dans l'action des établissements de charité, la direction générale de l'association nationale fait concourir les familles colonisées à subvenir aux besoins des pauvres invalides en payant annuellement pour cet objet un pour cent des sommes qui leur auront été appliquées; ces individus incapables de tout travail, et d'ailleurs en un tel état de santé qu'ils ne peuvent réclamer efficacement l'admission dans les hospices, auraient des ressources suffisantes sous le toit domestique sans faire abnégation de l'exercice de leur liberté.

D'honorables citoyens et de dignes femmes, établis commissaires de quartiers, seraient spécialement chargés de leur distribuer les secours qui leur seraient attribués.

En voici les bases :

## OUVRIERS INVALIDES.

### *Règlement intérieur pour les commissions administratives de secours.*

**§ 1. Formation d'une commission administrative de secours dans chaque commune pour la sous-direction générale.**

Art. 1er. Elle sera formée des premières autorités religieuses, civiles et judiciaires, dans l'ordre établi des préséances.

Art. 2. Elle sera composée de 15 membres dans les communes de cinquante mille âmes et au dessus, de 12 membres dans celles de 30 et au dessus, de 10 dans celles de six mille âmes et au-dessus, et enfin de 5 dans celles de deux mille âmes et au-dessous.

Art. 3. Les membres seront élus pour trois ans, et se renouvelleront au scrutin par tiers, les trois premières années ; ils se renouvellent ensuite par ancienneté, mais ils peuvent être réélus.

Art. 4. Il leur sera fourni des fonds par le chef de division de l'Association nationale, d'après un état de dépenses et de recettes qui aura été approuvé antérieurement par lui.

### § 2. Inscription des pauvres et fixation des secours.

Art. 5. Les pauvres de chaque quartier seront inscrits sur les tableaux de recensement au fur et à mesure qu'ils se feront connaître à quelques uns des commissaires ; ceux-ci devront se procurer et fournir pour la plus prochaine réunion de la commission les renseignements nécessaires pour que la commission puisse fixer le secours à accorder. Un numéro d'ordre est affecté à chaque pauvre ou famille de pauvres.

Art. 6. Quand la commission a reconnu la nécessité du secours à accorder, on inscrit, séance tenante, sur les registres des secours du quartier, le pauvre ou la famille pauvre qui doit le recevoir, avec le numéro d'ordre du tableau du recensement, ainsi que la qualité ou la nature de ce secours, et le travail à exiger.

Art. 7. Les secours fixés dans une des séances de la commission sont toujours distribués, jusqu'à la prochaine séance, tels qu'ils ont été arrêtés dans la dernière, ou supprimés à chaque réunion ordinaire ou extraordinaire de la commission.

Art. 8. Dans l'intervalle de deux séances de la commission, et en cas d'urgence seulement, des secours peuvent être accordés ou supprimés par les commissaires de service, après avoir pris l'avis du président de la commission, avec la condition de faire sanctionner ces mesures d'urgence par la commission dans sa plus prochaine réunion.

### § 3. Nature et distribution des secours.

Art. 9. Les secours consisteront principalement en une certaine quantité de pain et d'argent, ou de pain, ou d'argent seulement, distribués par semaines. Il sera aussi payé des loyers, au mois ou à l'année, pour quelques pauvres sans asyle. Des secours d'autre nature, tels que des bouillons aux vieillards et aux malades, des vêtements et du linge, etc., pourront être accordés dans certains cas extraordinaires.

Art. 10. Les bons pour le pain et l'argent seront délivrés par quartiers, tous les *lundis*, par les soins des commissaires de service, avec le concours des dames patronesses, nommées indistinctement de tous les cultes par la commission administrative.

Art. 11. Les bons seront signés d'un des

commissaires, et l'argent à distribuer dans chaque quartier sera délivré, sur l'ordonnance de l'ordonnateur général, par le trésorier à un des commissaires de service par quartier.

### § 4. Travail.

Art. 12. Aux femmes qui sont en état de travailler, et qui ne pourraient se procurer de l'ouvrage par elles-mêmes, il sera donné du travail selon leurs forces et leur degré d'habileté : ce sera, par exemple, de la filasse à convertir en fil.

Pour une certaine quantité qui leur aura été confiée, elles devront remettre une certaine quantité de fil par semaine, lequel leur sera payé par kilogramme.

Art. 13. Pour les hommes valides, ils auront habituellement la ressource des travaux de la campagne, des routes et autres constructions publiques.

### § 5. Surveillance.

Art. 14. Un commissaire par quartier sera de service chaque quinzaine. En cas d'absence, de maladie ou d'occupations, les commissaires d'un quartier peuvent être aidés ou suppléés par ceux d'un autre.

Art. 15. Il est à désirer que les pauvres de chaque quartier soient visités au moins une fois par quinzaine par les commissaires de service, indépendamment des visites plus ou moins fréquentes qui pourront être faites par les autres membres de la commission et par les dignes femmes appelées à concourir à l'œuvre.

Art. 16. Le travail des femmes sera spécialement surveillé par elles.

Art. 17. Pour soustraction de matières premières et autres faits graves laissés à l'appréciation de la commission, les secours pourront être diminués ou supprimés.

### 6. Fournitures.

Art. 18. La fourniture du pain sera l'objet d'une adjudication ; la durée ainsi que les clauses et conditions du marché seront fixés par la commission toutes les fois qu'il y aura lieu de procéder à une adjudication.

Art. 19. Les bons reçus par le boulanger-adjudicataire, en échange du pain qu'il aura délivré aux pauvres, seront remis, à la fin de chaque mois, avec une liste récapitulative signée du fournisseur, à l'ordonnateur général ; celui-ci vérifiera et arrêtera ce compte, et le visera bon à payer par le trésorier au bénéfice du boulanger.

Les Statuts définitifs seront publiés aussitôt qu'ils auront été discutés et qu'ils auront obtenu l'assentiment du Comité de surveillance. Les détails dans lesquels nous sommes déjà entré sont de nature à en faire apprécier les bases.

Il nous suffit d'ajouter quelques principales dispositions, savoir :

1° Le capital social est de 24 millions divisé en deux séries d'actions;

2° La première est composée de 120 mille actions de 100 fr. chacune payable dans le mois de la souscription, ci 12 millions;

3° La deuxième série comprend 24 mille actions de 500 fr. chacune payable par cinquième dans le premier mois de la souscription, et puis de deux mois en deux mois;

4° Jusqu'à la constitution définitive de la Société, les fonds provenant des actions sont déposés chez le banquier de l'association, à Paris.

Citoyens représentants,

Nous aurions désiré ne pas vous occuper aussi long-temps de cette question, qui est toutefois d'une palpitante actualité. Mais il fallait épuiser tous les documents de le statistique dont l'examen nous a paru indispensable.

Si ces considérations, sanctionnées déjà par l'opinion éclairée de plusieurs administrations, et par les succès d'un commencement d'exécution, vous paraissent de nature à mériter vos suffrages et à nous assurer le concours de tous vos efforts, nous serons aussi fier d'avoir obtenu les uns que plein de confiance dans les autres. Nous ne regretterons pas notre peine, car nous aurons fait un travail utile. La France et l'humanité tout entière devront vous vouer une éternelle reconnaissance pour avoir si puisamment contribué à opérer une merveilleuse transformation sociale.

Salut et fraternité,

L'abbé RAYMOND.

## RÉSUMÉ.

### § 1. *Résultats généraux.*

Les résultats généraux sont :

1° A la situation de crise actuelle faire succéder la gloire de la République au dehors, la paix à l'intérieur, et le crédit, qui est le mouvement même de vie dans le corps social ;

2° Création, par un vaste ensemble d'association et de concours, d'un capital de 111,264,118 fr. ;

3° Création successive, et au fur et à mesure des ressources, de quatre établissements agricoles par arrondissement ;

4° Création de travaux agricoles sur des propriétés nationales, communales ou autres, pour 228,854 ouvriers, enfants-trouvés et orphelins ;

5° Création de places dans les établissements agricoles pour 4,992 individus ;

6° Accroissement annuel de productions territoriales, en moins de dix ans, pour 421,750,288 fr. ;

7° Accroissement annuel de finances au trésor public, en moins de dix ans, pour 32,000,000 fr. ;

9° Prospérité du commerce par l'accroissement des productions agricoles et le rétablissement du crédit ;

10° Amélioration dans l'industrie par le système des groupes.

### § 2. *Résultats partiels.*

Les résultats partiels sont,

Pour les *propriétaires* des terrains qui seront loués à notre association :

1° 3 et demi p. 100 ;

2° Un sixième dans les bénéfices, pouvant s'élever, au minimum, à 5 et demi p. 100, total 9 p. 100 ;

3° Accroissement énorme de la valeur immobilière du sol, parce qu'elle sera toujours en proportion de l'augmentation des produits.

Pour nos *actionnaires :*

1° 4 p. 100 par an, payables par moitié et par semestre ;

2° Dividende éventuel pouvant s'élever de 10 à 15 p. 100 par an ;

3° Extinction du capital dans un délai très rapproché ;

4° Garantie hypothécaire supérieure au montant des actions.

www.ingramcontent.com/pod-product-compliance
Ingram Content Group UK Ltd.
Pitfield, Milton Keynes, MK11 3LW, UK
UKHW031940260826
14628UKWH00004B/1764